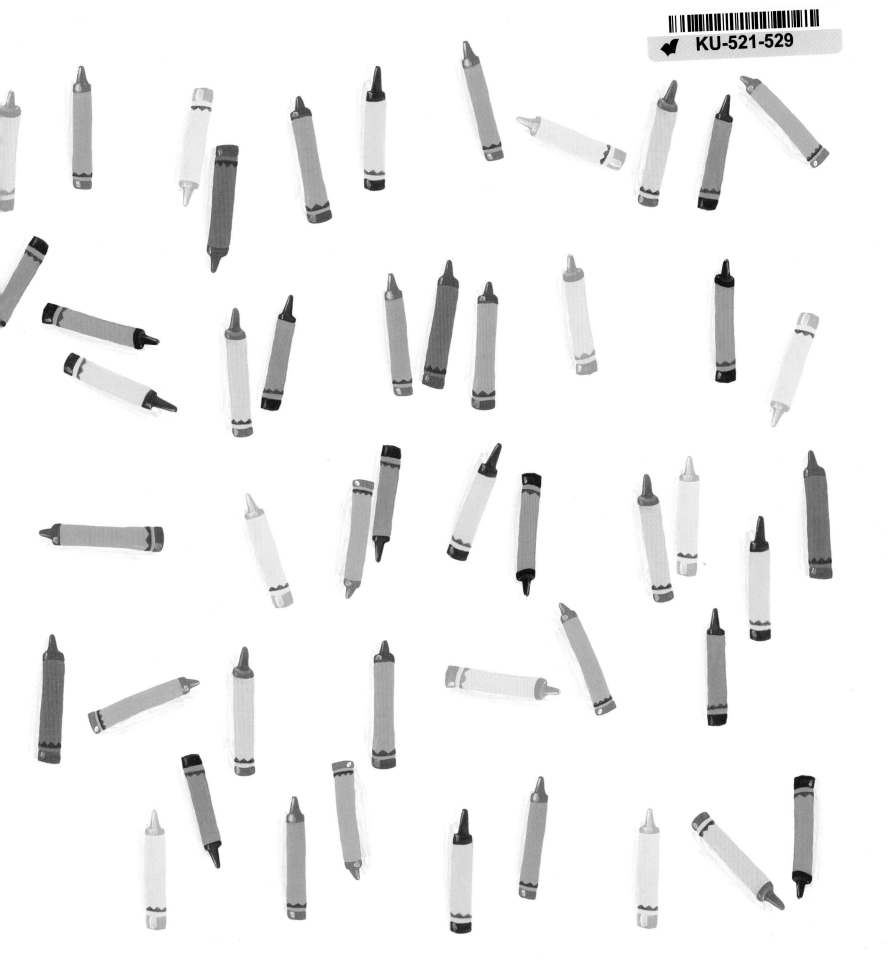

Voor Marichelle, Abigail en Reese — D.D.

Voor Ewan — O.J.

De KRIJTJES STAKEN!

DOOSJEVANTWAALF

krijtjes

wij zijn BOOS!

TEKST **DREW DAYWALT**

TEKENINGEN **OLIVER JEFFERS**

Teun mocht van de juf een mooie tekening maken. Hij wilde zijn krijtjes uit zijn tas halen, maar vond een stapeltje brieven met zijn naam erop.

Dag Teun,

Ik ben het, je rode krijtje. We moeten eens ERNSTig praten. Jij laat me veel te hard werken. Veel harder dan al je andere krijtjes. Het HELE jaar door sloof ik me uit om brandweerauto's, appels en aardbeien in te kleuren, en al die andere rode dingen. Zelfs in de kerstvakantie zet je me aan het werk. Dan moet ik de ene na de andere Kerstman rood kleuren. En op Valentijnsdag zit ik urenlang rode hartjes te tekenen!

Ik krijg er een rooie kop van.

Ik heb RUST nodig!

Groeten van je overspannen vriend,

Rood Krijtje

Beste TEUN,

Begrijp me goed... Ik vind het heel fijn dat je meteen naar mij op zoek gaat als jij druiven, draken of tovenaars tekent.

Maar ik kan er absoluut niet tegen dat mijn prachtige paarse kleur <u>altijd</u> buiten de lijntjes terechtkomt. Als JIJ NIET ONMIDDELLIJK NETJES BINNEN DE LIJNTJES BEGINT TE KLEUREN, dan... dan... STOP IK ERMEE!!

Je keurig nette vriend,

<u>Paars Krijtje</u>

Beste Teun,

Ik ben het zat om 'lichtbruin' of 'geelbruin' genoemd te worden.

Ik ben BEIGE en daar ben ik trots op. En ik heb er ook genoeg van altijd en eeuwig tweede keus te zijn. Mijnheer het Bruine Krijtje mag altijd álle beren, pony's en puppy's inkleuren. Alleen als er een gebraden kip of tarwehalm moet worden ingekleurd, dan mag ik komen opdraven (als ik geluk heb).

En zeg nou eens eerlijk, wanneer heb jij voor het laatst tarwe getekend? Nou?

Je BEIGE vriend,

Beige Krijtje

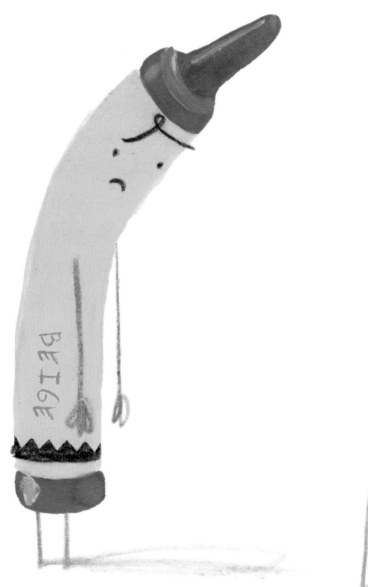

TEUN,

SORRY JONGEN, MAAR ZO KÁN HET
NIET LANGER. IK WEET DAT JE DOL
BENT OP OLIFANTEN EN IK WEET OOK
DAT OLIFANTEN GRIJS ZIJN, MAAR WEET
JIJ WEL HOEVEEL WERK HET IS OM ZO'N
BEEST HELEMAAL GRIJS TE KLEUREN?
DAAR HEB JE GEEN IDEE VAN, ANDERS
ZOU JE OOK NIET ZO VAAK NEUSHOORNS,
NIJLPAARDEN EN WALVISSEN TEKENEN.
WAAROM MOETEN HET ALTIJD GROTE
BEESTEN ZIJN? WAAROM GEEN baby-pinguïns?
DIE ZIJN OOK GRIJS, WEET JE DAT NIET?
NET ALS KIEZELSTEENTJES. KUN JE DIE
NIET EENS TEKENEN, DAT IS VOOR MIJ WEL
ZO MAKKELIJK.
    JE UITGEPUTTE VRIEND
    GRIJS KRIJTJE

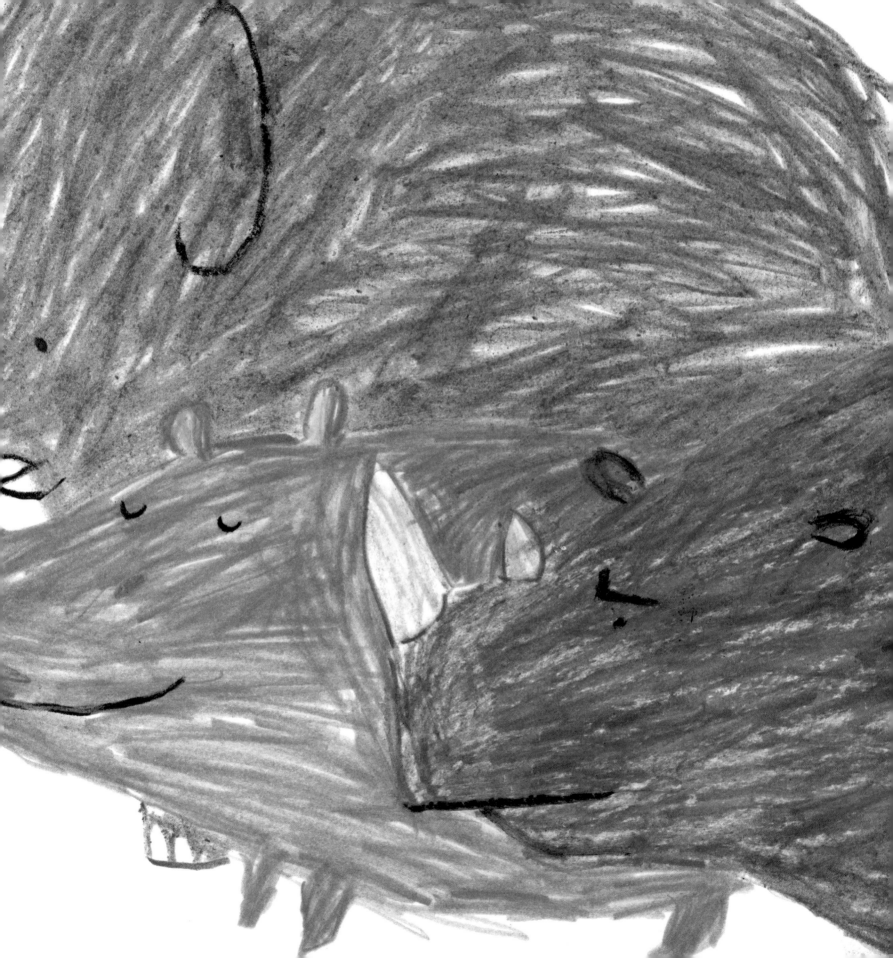

Beste Teun,

Ik vraag me af of jij mij wel nodig hebt. Meestal heeft het papier dezelfde kleur als ik: wit. Als ik deze brief niet op zwart papier had geschreven zou je nog denken dat ik niet bestond. Zelfs in de regenboog zit geen wit. Ik word alleen gebruikt om sneeuw in te kleuren of om de ruimte tussen twee dingen op te vullen. Ik voel me zo... hoe zal ik het zeggen... zo overbodig. Kunnen we er niet eens over praten?

je overbodige vriend,

Wit krijtje

witte poes
in de sneeuw
getekend door
Teun

Teun!

Ik haat het alleen gebruikt te worden om zwarte lijntjes om de dingen te trekken en vervolgens toe te moeten kijken hoe ze door mijn medekrijtjes worden ingekleurd en opgefleurd. Vind je het gek dat ze allemaal denken dat ze beter zijn dan ik?? Wél mij gebruiken om een mooie, ronde strandbal te tekenen, maar de bal zelf geef je een ander kleurtje. Dat is toch niet eerlijk?!

Waarom niet eens een mooie zwarte strandbal tekenen? Is dat te veel gevraagd?

Nu nog je vriend,

Zwart Krijtje

Lieve Teun,
Ik als Groen Krijtje schrijf je om twee
redenen. Ten eerste om je te zeggen
dat ik met veel plezier al die bomen,
krokodillen, dinosaurussen en kikkers
voorzie van een mooi groen kleurtje.
Ik heb een fijn leventje en ik
feliciteer je van harte met je carrière
als Groene-Dingen-Tekenaar.
De tweede reden dat ik je schrijf is
om je te zeggen dat mijn vrienden
Geel Krijtje en Oranje Krijtje niet
meer met elkaar praten. Allebei
vinden ze dat zij de juiste kleur voor
de zon zijn. Alsjeblieft, Teun, doe
er wat aan en snel.
Wij, de overige krijtjes, kunnen het
niet langer aanzien.

    Je gelukkige vriend,
    Groen Krijtje

Beste Teun,

Geel krijtje hier. Kun jij Oranje Krijtje zeggen
dat IK de kleur van de zon ben?
Zelf kan ik dat niet, want we praten niet meer
met elkaar.

Ik kan trouwens bewijzen dat ik, en alleén ik,
de kleur van de zon ben.

Afgelopen dinsdag gebruikte je me voor de zon
in je kleurboek. Mocht je het niet meer weten,
het is de kleurplaat van de boerderij op bladzij 7.
Zie je me staan? Een schitterende goudgele zon
boven een geel korenveld.

Je vriend (en enig echte kleur van de zon)

Geel Krijtje

OP DE BOERDERIJ

Beste Teun,

Ik heb gehoord dat geel krijtje me voor is geweest en je een huilerige brief heeft geschreven. Kun je dat opscheppertje alsjeblieft duidelijk maken dat HIJ NIET de kleur van de zon is?

Ik zou het hem zelf wel willen zeggen, maar we praten niet meer met elkaar.

Jij en ik, wij weten dat ik, en alleen ik, de kleur van de zon ben, want afgelopen donderdag gebruikte je me voor de zon in je kleurboek. TWEE keer zelfs. Voor de kleurplaat met de dierenoppasser én voor die van het apeneiland. Dat kan geen toeval zijn.

Je vriend (en de enige echte kleur van de zon)

Oranje Krijtje

DE DIERENOPPASSER

APENEILAND

Lieve Teun,

Ik vind het geweldig dat ik het afgelopen jaar en het jaar daarvoor je lievelings-kleur was. Het was heerlijk om al die oceanen, meren, rivieren, regendruppels, regenwolken en heldere luchten blauw te mogen kleuren.

Maar wat NIET zo leuk is: je hebt me zo vaak gebruikt dat ik niet meer ben dan een kort stompje, en nu kan ik niet meer over de rand van het doosje kijken.

Kun je me niet een poosje met rust laten?

Je inmiddels kleine en afgestompte vriendje,

Blauw Krijtje

Teun!

Nou moet je eens goed naar me luisteren, jongetje.
Het hele afgelopen jaar heb je me NIET ÉÉN
KEER uit het doosje gehaald. Is dat omdat
je me eigenlijk een meisjeskleur vindt?
Nu we het daar toch over hebben, wil je je kleine
zusje heel hartelijk bedanken dat ze mij gebruikte
voor de prinsessen in haar kleurboek? En ook nog
eens keurig binnen de lijntjes.

Maar dit terzijde.

Zou je zo vriendelijk willen zijn om voor de ver-
andering eens een roze cowboy, dinosaurus of
monster te tekenen? Die kunnen wel een fris
kleurtje gebruiken, vind ik.

Je in de steek gelaten vriend

Roze Krijtje

Hé Teun,
Ik ben het, Perzikkleur krijtje.
Waarom Heb jij mijn papiertje eraf
gepulkt? In mijn blootje durf
ik het doosje niet uit.
Ik schaam me dood zonder
onderbroek!!

hoe zou jij het vinden om
in je BLOOTje naar school
te gaan?

Ik heb kleren nodig.
Help me!

je blote vriend

Perzikkleur krijtje

DOOSJE VAN TWAALF

krijtjes

Beste Teun,

Geel krijtje hier.
dat IK de kleur v
zelf kan ik dat niet,
t elkaar.
n trouwens bewijz
r   dinsdag gebruikt
boek. Mocht
rplaat van
? Een
ko

Krijtje

echte kleur van de zon-
kleurplaat in je
dokterdag
lopen   de kleur
alleen ik   de
zeggen,

Wij, de o
niet langer

TEUN

Teun
ik hoop
om zwa
en vi
door
ind

Maar dit t

Zou je zo vri
andering eens
monster te tek
kleurtje gebruiken, vind ik.

Je in de steek gelaten vriend

Roze Krijtje

jongetje.
ET EÉN
dat omdat
?
il je je kleine
mij gebruikte
En ook nog
Dinosaurus of
Runnen wel een fris
ver-

rust laten?

Teun

Beige Krijtje

de lijntjes
dat mijn
heel fijn dat je
u druiven.

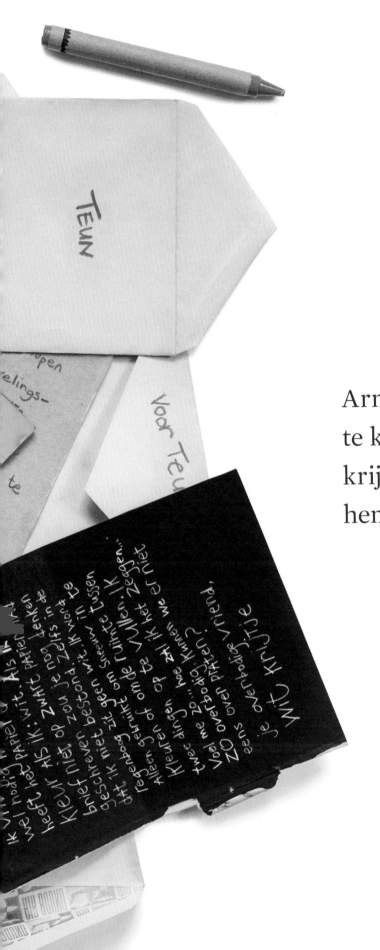

Arme Teun... hij had net zo'n zin om te kleuren, maar hij wilde ook dat zijn krijtjes gelukkig waren. En dat bracht hem op een idee.

Toen Teun de tekening af had, liet hij hem aan de juf zien.
Die gaf hem een 10 voor kleurgebruik...